BEI GRIN MACHT SICH WISSEN BEZAHLT

- Wir veröffentlichen Ihre Hausarbeit, Bachelor- und Masterarbeit

- Ihr eigenes eBook und Buch - weltweit in allen wichtigen Shops

- Verdienen Sie an jedem Verkauf

Jetzt bei www.GRIN.com hochladen und kostenlos publizieren

Bibliografische Information der Deutschen Nationalbibliothek:

Die Deutsche Bibliothek verzeichnet diese Publikation in der Deutschen Nationalbibliografie; detaillierte bibliografische Daten sind im Internet über http://dnb.d-nb.de/ abrufbar.

Dieses Werk sowie alle darin enthaltenen einzelnen Beiträge und Abbildungen sind urheberrechtlich geschützt. Jede Verwertung, die nicht ausdrücklich vom Urheberrechtsschutz zugelassen ist, bedarf der vorherigen Zustimmung des Verlages. Das gilt insbesondere für Vervielfältigungen, Bearbeitungen, Übersetzungen, Mikroverfilmungen, Auswertungen durch Datenbanken und für die Einspeicherung und Verarbeitung in elektronische Systeme. Alle Rechte, auch die des auszugsweisen Nachdrucks, der fotomechanischen Wiedergabe (einschließlich Mikrokopie) sowie der Auswertung durch Datenbanken oder ähnliche Einrichtungen, vorbehalten.

Impressum:

Copyright © 2016 GRIN Verlag, Open Publishing GmbH
Druck und Bindung: Books on Demand GmbH, Norderstedt Germany
ISBN: 9783668361041

Dieses Buch bei GRIN:

http://www.grin.com/de/e-book/342481/software-test-verbesserung-der-usability-einer-software-durch-eine-simulationsphase

Dennis Kraft

Software-Test. Verbesserung der Usability einer Software durch eine Simulationsphase vor der Markteinführung

GRIN Verlag

GRIN - Your knowledge has value

Der GRIN Verlag publiziert seit 1998 wissenschaftliche Arbeiten von Studenten, Hochschullehrern und anderen Akademikern als eBook und gedrucktes Buch. Die Verlagswebsite www.grin.com ist die ideale Plattform zur Veröffentlichung von Hausarbeiten, Abschlussarbeiten, wissenschaftlichen Aufsätzen, Dissertationen und Fachbüchern.

Besuchen Sie uns im Internet:

http://www.grin.com/

http://www.facebook.com/grincom

http://www.twitter.com/grin_com

Software Test Projekt

Verbesserung der Usability von einer
Software durch eine Simulationsphase
vor der Markteinführung

Dennis Kraft

Studiengang Entrepreneurship und Innovation (Master of
Business Administration)

14.11.2016

Inhaltsverzeichnis

Abbildungsverzeichnis II
1. Einführung in das Thema 1
    1.1 Problemstellung und Zielsetzung 1
    1.2 Aufbau dieser Arbeit 1
2. Grundlagen der Usability 2
    2.1 Definition Usability 2
    2.2 Kontinuierliches User-Feedback in der agilen Softwareentwicklung 4
3. Überprüfung der Usability als empirisches Forschungsprojekt 5
    3.1 Forschungsdesign 5
        3.1.1 Festlegung des Forschungsansatzes und der Informationsquellen 5
        3.1.2 Strukturierung des Untersuchungsgegenstandes 6
        3.1.3 Operationalisierung 7
    3.2 Forschungsdurchführung 9
        3.2.1 Performance Test 9
        3.2.2 Interview 10
4. Kritische Würdigung 12
5. Quellenverzeichnis 13
    5.1 Literaturverzeichnis 13
    5.2 Verzeichnis der Internetquellen 13
    5.3 Weitere Quellen 14

Abbildungsverzeichnis

Abbildung 1: Kriterien der Usability 2
Abbildung 2: Zusammenhang zwischen Nutzungskontext, Usability und Produkt 3
Abbildung 3: Ablauf der iterativen Entwicklung mit Anpassung der Anforderungen durch Nutzer-Feedback 4
Abbildung 4: Deskriptives Schema des Forschungsgegenstandes 7
Abbildung 5: Operationalisierung der Dimensionen der Software 8
Abbildung 6: Protokollierung Messergebnisse Performance Test 10

1. Einführung in das Thema

1.1 Problemstellung und Zielsetzung

Die Entwicklung von Software ist ein hochkomplexes Vorhaben. Gleichzeitig ist die Anzahl von verfügbarer Software in den letzten Jahren stark gestiegen, sodass es durch den damit verbundenen Wettbewerb erfolgsentscheidend ist, eine „gute" Usability zu erreichen. Denn eine „gute Usability schafft eine Verbindung zwischen Mensch und Maschine [...], die sich gut anfühlt"[1]. Diese **emotionale Verbindung** ist einer der **entscheidenden Erfolgsfaktoren** eines Produktes. Eine Möglichkeit, Usability bereits während der Konzeption und Entwicklung der Software zu überprüfen, ist das **systematische Einholen von Endanwender-Feedback**. Die Perspektive der Endanwender ist deshalb notwendig, da die Software-Entwickler auf ihrem Fachgebiet Spezialisten sind und somit „die Sichtweise eines unbedarften Benutzers nicht mehr ohne Weiteres einnehmen können."[2] Gleichzeitig ist der Nutzer der Experte in dem Kontext, in welchem er die Software anwenden möchte.[3]

Diese Ausarbeitung hat aus den oben genannten Gründen das Ziel, ein **empirisches Forschungsprojekt zur Überprüfung der Usability** eines Software-Produktes vor der Markteinführung zu erarbeiten. Im Vordergrund des Forschungsprojektes stehen die **Identifikation von Usabilityproblemen** sowie das Einholen von **Feedback der potentiellen Nutzer** zur Usability des Software-Produktes. Dazu werden in dieser Arbeit das Design sowie die Durchführung des Forschungsprojekts entwickelt.

1.2 Aufbau dieser Arbeit

In Kapitel 2 werden zunächst die Grundlagen für ein Software-Test-Projekt gelegt. In Abschnitt 2.1 wird der Begriff **Usability definiert** sowie die **wesentlichen Dimensionen** erarbeitet. Abschnitt 2.2 gibt einen kurzen Exkurs in die **agile Softwareentwicklung**, in der User-Feedback ein wesentlicher Bestandteil ist. In Kapitel 3 wird ein Software-Test-Projekt als empirisches Forschungsprojekt erarbeitet. Der Fokus liegt hier auf dem **Forschungsdesign** und der **Forschungsdurchführung**. Kapitel 4 bildet den Abschluss der Arbeit und fasst alle wesentlichen Aspekte in einer **kritischen Würdigung** zusammen.

---

[1] Florin, A. (2015), S. 16
[2] Richter, M. / Flückiger, M. (2016), S. 3
[3] Vgl. Ebenda, S. 3

2. Grundlagen der Usability

2.1 Definition Usability

Der englische Begriff Usability bedeutet wörtlich übersetzt Nutzbarkeit, Verwendbarkeit oder Brauchbarkeit und wird insbesondere in der Softwareentwicklung verwendet, um die **Gebrauchstauglichkeit** eines Produktes **für den Benutzer im Kontext seiner Verwendung** in Bezug auf eine effektive, effiziente und zufriedenstellende Zielerreichung zu beurteilen.[4][5] Bei der Usability geht es somit um die Schnittstelle zwischen Mensch (Benutzer) und Maschine (zum Beispiel Software, Webseite, System oder ähnliches).[6]

In der DIN EN ISO 9241-11 werden drei **Kriterien der Gebrauchstauglichkeit** definiert: **Effektivität, Effizienz und Zufriedenheit**, wobei letzteres maßgeblich von den ersten beiden Kriterien beeinflusst wird. Das Zusammenspiel der drei Kriterien ist in Abbildung 1 schematisch dargestellt.

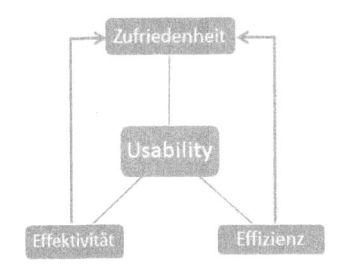

Abbildung 1: Kriterien der Usability[7]

Das Kriterium **Effektivität** sagt aus, inwieweit das angestrebte Ziel des Nutzers mit der Software erreicht werden kann. Wie hoch der Aufwand für die Zielerreich für den Nutzer ist, ist bei diesem Kriterium nicht relevant, denn dieser wird durch das Kriterium **Effizienz** abgedeckt. Die Effizienz einer Software gibt an, welcher Aufwand zur Zielerreichung nötig war. Unter der **Zufriedenstellung** versteht man, inwieweit der Benutzer positiv gegenüber dem Produkt eingestellt ist.[8] Dies kann unter anderem durch ein hohes Maß an Effektivität und Effizienz erreicht werden. Bei genauer Betrachtung der oben genannten Kriterien fällt auf, dass es bei der

---
[4] Vgl. Richter, M. / Flückiger, M. (2016), S. 10
[5] Vgl. Schuhmacher, Dr. J. (o.J.), http://www.controlling21.de/ (Stand: 05.10.2016)
[6] Vgl. Florin, A. (2015), S. 16
[7] Eigene Darstellung
[8] Vgl. o.V. (2010), http://www.infowiss.net/ (Stand: 05.10.2016)

Schnittstelle zwischen Benutzer und Software noch weitere wichtige Faktoren gibt, welche die Usability beeinflussen. Diese weiteren Faktoren sind im sogenannten **Nutzungskontext** zusammengefasst. Das heißt, alle drei Kriterien sind immer im Rahmen des individuellen Nutzungskontexts des Benutzers zu beurteilen. Der Nutzungskontext besteht aus dem **individuellen Nutzer, seiner Aufgabe, seiner Ausrüstung sowie seiner** physischen und sozialen **Umgebung**.[9] Der Zusammenhang zwischen Nutzungskontext, Usability und dem Produkt ist in Abbildung 2 dargestellt.

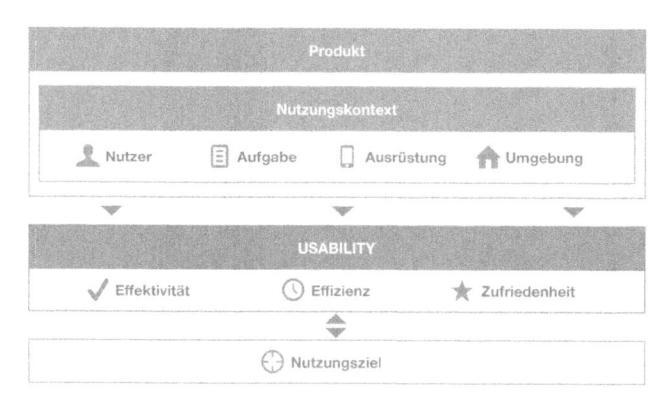

Abbildung 2: Zusammenhang zwischen Nutzungskontext, Usability und Produkt[10]

In der Literatur finden sich noch weitere Dimensionen der Usability. Als besonders relevantes Beispiel soll hier die **Benutzeroberfläche** genannt werden.[11] Wesentliche Faktoren der Benutzeroberfläche sind ein modernes und ansprechendes **Design**, **Verständlichkeit der Darstellung** sowie eine intuitive **Nutzerführung**.[12]

Zusammenfassend lässt sich festhalten, dass die Usability einer Software maßgeblich durch die drei Dimensionen **Funktionsumfang** (entspricht der Effektivität, das heißt dem Grad der Zielerreichung), **Workflow** (entspricht der Effizienz, das heißt dem Aufwand zur Zielerreichung) und **Benutzeroberfläche** bestimmt wird. Alle drei Dimensionen sind im Rahmen des individuellen Nutzungskontextes zu bewerten und zahlen auf die Zufriedenheit des Nutzers ein.

---

[9] Vgl. Schuhmacher, Dr. J. (o.J.), http://www.controlling21.de/ (Stand: 05.10.2016)
[10] Enthalten in: Beuscher, T. (2016), http://www.tobiasbeuscher.me/ (Stand: 05.10.2016)
[11] Vgl. Richter, M. / Flückiger, M. (2016), S. 10
[12] Vgl. Florin, A. (2015), S. 16

2.2 Kontinuierliches User-Feedback in der agilen Softwareentwicklung

Im Hinblick auf das durchzuführende Forschungsprojekt, bei welchem Test-Anwender Feedback zur Usability der Software geben sollen, empfiehlt es sich, die **agile Softwareentwicklung mit iterativen Vorgehensmodellen** zu betrachten.

Anders als beim Wasserfallmodell (sequenzielles Vorgehensmodell nach Projektphasen) werden bei der agilen Softwareentwicklung nicht sämtliche Anforderungen vor Projektbeginn geplant.[13] Bei iterativen (zu Deutsch: sich wiederholenden) Entwicklungsmodellen wird die Software durch **regelmäßiges Feedback der Zielgruppe** stetig verbessert. Es wird nicht ein Feature nach dem anderen entwickelt, sondern eine vorläufige Version der gesamten Software.[14] Ziel ist es, dass der End-Nutzer „so früh wie möglich mit dem echten System in Berührung [kommt]"[15], um es so auf seine **Gebrauchstauglichkeit (Usability) hin zu überprüfen** und ein „nachjustieren" zu ermöglichen. In die Nachfolgeversion(en) der vollständigen Software fließen dann die Informationen aus dem Nutzer-Feedback mit ein. Dieser Vorgang wird so oft wiederholt, bis der Markterfolg des Produkts gegeben ist.[16] Der Ablauf der iterativen Softwareentwicklung ist in Abbildung 3 beispielhaft über drei Iterationen dargestellt.

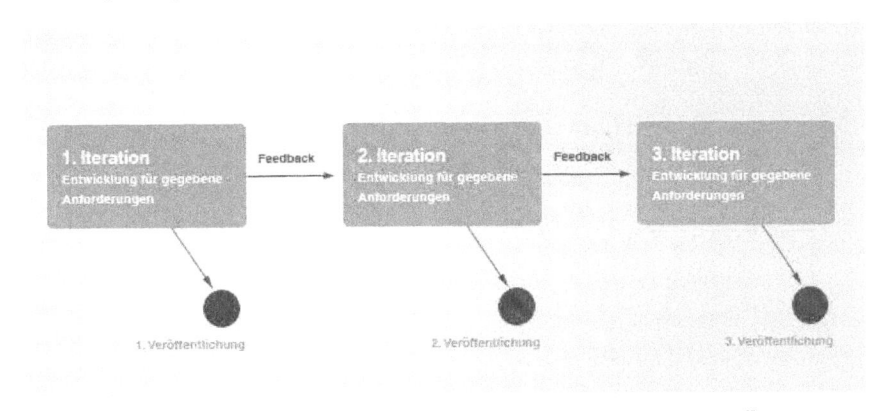

Abbildung 3: Ablauf der iterativen Entwicklung mit Anpassung der Anforderungen durch Nutzer-Feedback[17]

---
[13] Vgl. o.V. (2011), http://www.isicore.de/ (Stand: 05.10.2016)
[14] Vgl. Cohn, M. (2010), S. 287
[15] o.V. (2011), http://www.isicore.de/ (Stand: 05.10.2016)
[16] Vgl. Cohn, M. (2010), S. 287
[17] Enthalten in: o.V. (2011), http://www.isicore.de/ (Stand: 05.10.2016)

3. Überprüfung der Usability als empirisches Forschungsprojekt

3.1 Forschungsdesign

3.1.1 Festlegung des Forschungsansatzes und der Informationsquellen

Aufbauend auf der in Kapitel 2.2 beschriebenen iterativen Softwareentwicklung wird im Folgenden ein empirisches Forschungsprojekt zur Überprüfung der Usability einer Software geplant. Es wird ermittelt, wie zufrieden potentielle Endanwender mit dem Aspekt „Usability" der Software sind. Zur Anwendung kommt ein **deskriptiver Forschungsansatz**, da ein bestimmter Sachverhalt beschrieben sowie die Zusammenhänge zwischen verschiedenen Variablen ermittelt wird.[18]

Da bei der iterativen Softwareentwicklung das Feedback der End-Nutzer regelmäßig, das heißt bis der Markterfolg des Produkts gegeben ist, eingeholt wird, besteht bei diesem Forschungsprojekt ein **dynamisches Erkenntnisinteresse**. Die Forschung erstreckt sich somit über mehrere Zeiträume, die Forschungsdurchführung wird mehrfach wiederholt.[19]

Um die idealen **Testpersonen** (Probanden) zu bestimmen, ist es notwendig, die Zielgruppe(n) der Software zu kennen. Dafür bietet es sich an, bereits während der Konzeption sogenannte „Personas" zu erstellen.[20] „Personas sind fiktive Personen, die typische Anwender einer Zielgruppe repräsentieren. Sie verdeutlichen wichtige Eigenschaften der Zielgruppe"[21] und stellen somit die ideale Testperson dar. Je Zielgruppe reichen ca. fünf bis sechs repräsentative Probanden, um über 80% der Usabilityprobleme zu identifizieren.[22] Allerdings ist es wichtig, dass die Testpersonen ein gewisses Spektrum an Eigenschaften abdecken[23]:

- Vorerfahrung
- Alter, Geschlecht
- Ausbildung, Job, Verdienst
- Wohnort (Stadt, Land)
- Einstellung gegenüber dem Produkt
- Gewohnheiten, Interessen, Hobbys

---

[18] Vgl. o.V. (o.J.), http://www.karteikarte.com/ (Stand: 25.09.2016)
[19] Vgl. Becker, A. (2014), S. 11
[20] Vgl. video2brain / Jacobsen, J. (2015), Kapitel 04_03
[21] o.V. (o.J.), http://usability-toolkit.de/ (Stand: 25.09.2016)
[22] Vgl. Schmitt, H. (2015), S. 2
[23] Vgl. Ebenda, S. 2

- Nutzungsgrad von Computer, Smartphone, Tablet
- Nutzung von Konkurrenz-Software
- Design Geschmack

Generell **ungeeignet als Testperson** sind alle **Projektbeteiligten** sowie auch am Projekt unbeteiligte **Mitarbeiter der Firma**. Durch die Arbeit in der Branche sind die Mitarbeiter gut im Umgang mit Software und besitzen Hintergrundwissen, welches der zukünftige Anwender der Software eventuell nicht haben wird. Je näher die Testperson an die Zielgruppe herankommt, desto besser und verlässlicher werden die Ergebnisse sein.[24]

Nachdem nun der deskriptive Forschungsansatz, die dynamische Betrachtungsweise sowie die Untersuchungseinheiten bestimmt wurden, muss im nächsten Schritt der **Untersuchungstyp** (qualitative oder quantitative Forschung) festgelegt werden. Bei der Betrachtung von Usability Test Verfahren in der Literatur existieren sowohl qualitative als auch quantitative Methoden.[25] In dieser Arbeit sollen **quantitative** (Performance Test) **und qualitative Forschungsmethoden** (Interview) zur Anwendung kommen.

3.1.2 Strukturierung des Untersuchungsgegenstandes

An dieser Stelle soll der **Untersuchungsgegenstand** der Forschung (hier: die Software-Usability) in Anlehnung an die drei Kriterien der Gebrauchstauglichkeit der DIN EN ISO 9241-11 (siehe Abschnitt 2.1) präzisiert und **in seine forschungsrelevanten Bestandteile zerlegt** werden. Eine Vorarbeit dazu wurde bereits in Abschnitt 2.1 geleistet. Im Folgenden wird ein **deskriptives Schema** ausgearbeitet, welches die Dimensionen der Software-Usability sowie ihre Beziehung zueinander darstellt (siehe Abbildung 4).

Das in Abbildung 4 dargestellte Schema zeigt die beiden Hauptbestandteile der Interkation: Der Benutzer und die Software. Jeder dieser Hauptbestandteile besteht aus weiteren Dimensionen. Bei der Software sind das die in Abschnitt 2.1 bereits genannten **Dimensionen Benutzeroberfläche, Abläufe (Workflow)** und **Funktionsumfang**. Beim Nutzer spielen die Dimensionen Nutzungskontext sowie Erwartungshaltung eine Rolle. Treten Nutzer und Software in Interaktion zueinander, kommt es zu einer Reaktion, welche sich in der Zufriedenheit und Begeisterung des Nutzers ausdrückt.

---

[24] Vgl. video2brain / Jacobsen, J. (2015), Kapitel 04_03
[25] Vgl. Schmitt, H. (2015), S. 2

```
Software                                    Nutzer
Usability                                   Erwartungen
• Benutzeroberfläche                        • Verständlichkeit &
   ✓ Design                                   Zielführung
   ✓ Bedienelemente                         • Funktionalitäten zur
   ✓ Dialoge                                  Zielerreichung
   ✓ Textgestaltung                         • Ansprechendes Design
• Abläufe
   ✓ Informationshierarchie                 Nutzungskontext
   ✓ Verständlichkeit
   ✓ Zielführung                            • Aufgaben / Ziel
• Funktionsumfang                           • Ausrüstung
   ✓ Vollständigkeit                        • Umgebung
   ✓ Funktionsfähigkeit

                         Interaktion

                         Nutzer-Reaktion
                         • Zufriedenheit
                         • Begeisterung
```

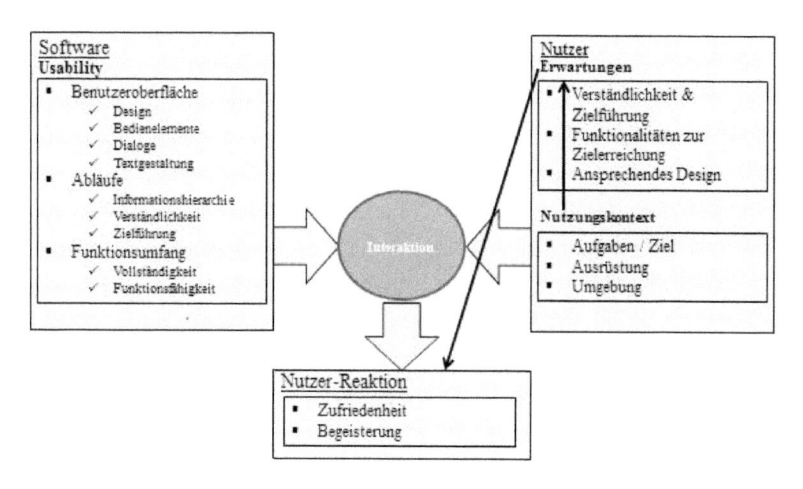

Abbildung 4: Deskriptives Schema des Forschungsgegenstandes[26]

3.1.3 Operationalisierung

Das Ziel des vorliegenden empirischen Forschungsprojektes besteht darin, durch eine Untersuchung der zuvor genannten Dimensionen die Usability der Software zu überprüfen und damit Usabilityprobleme aufzudecken. Damit dies durch die Forschungsdurchführung möglich wird, müssen die in Abschnitt 3.1.2 genannten Dimensionen mit Sachverhalten verknüpft, das heißt operationalisiert werden. Die **Usability** ist hierbei die **zu erklärende (unabhängige) Variable**, während die im Folgenden in Variablen überführten Dimensionen die erklärenden Variablen darstellen.[27]

Um die Dimensionen zu operationalisieren, müssen zunächst die **Merkmale der Dimensionen** betrachtet werden. Anschließend werden **Indikatoren**, sogenannte beobachtbare Variablen, für die einzelnen Merkmale gebildet. Zu jedem Indikator werden sowohl das **Messinstrument**, welches zur Beobachtung herangezogen wird, sowie die **Protokollierungsmethode** angegeben. Zudem gilt es, Messvorschriften und Skalen zu erarbeiten. Darüber hinaus ist die Aussagekraft der zu erwartenden Messergebnisse zu überprüfen.[28]

---
[26] Eigene Darstellung
[27] Vgl. Zatlouka, G. (2002), S. 83
[28] Vgl. Hermenau, A. (o.J.), S. 22f.

Dimension	Workflow (Abläufe) = Effizienz		
Merkmale	Zielführung	Verständlichkeit	Informationshierarchie
Indikator	Bearbeitungszeit	Hilfestellungsquote	Klickanzahl
Messinstrument	Stoppuhr	Zählung	Zählung
Protokollmethode	Eintrag in Tabelle	Eintrag in Tabelle	Eintrag in Tabelle

Dimension	Funktionsumfang = Effektivität		
Merkmale	Vollständigkeit	Funktionsfähigkeit	
Indikator	Zielerreichungsquote	Fehleranzahl	
Messinstrument	Zählung	Zählung	
Protokollmethode	Eintrag in Tabelle	Eintrag in Tabelle	

Dimension	Benutzeroberfläche		
Merkmale	Design	Textgestaltung	Dialoge
Indikator	Modernität	Lesbarkeit	Verständlichkeit
Messinstrument	Interview	Interview	Interview
Protokollmethode	Rating-Skala	Rating-Skala	Rating-Skala

Abbildung 5: Operationalisierung der Dimensionen der Software[29]

Die Dimensionen **Workflow** und **Funktionsumfang** werden quantitativ erfasst. Doch es ist zu prüfen, welche **Aussagekraft** die hier erhobenen Daten haben. Anders als bei klassischen Sozialwissenschaften gibt es bei einem Usability Test keine Kontrollgruppe.[30] „Dies hängt damit zusammen, dass zum Beispiel bei Vergleichsmessungen mit Konkurrenzprodukten die unabhängige Variable die Software selbst ist, die variiert wird."[31] Letztendlich ist die Auswahl der Versuchspersonen entscheidend, wie die Ergebnisse ausfallen.[32] Wie bereits in Abschnitt 3.1.1 beschrieben sollten sich die Versuchspersonen daher an festgelegten Personas orientieren, damit die Zielgruppe im Test richtig abgebildet wird. Allerdings lassen sich durch die Bildung von Mittelwerten, Standardabweichung, Minimum und Maximum Usabilityprobleme und besondere Abweichungen bei einzelnen Testpersonen und bestimmten Aufgaben identifizieren, denen in einem qualitativen Interview nachgegangen werden kann.

Die Dimension **Benutzeroberfläche** wird operationalisiert als die vom Benutzer wahrgenommene Modernität, Lesbarkeit und Verständlichkeit. Die in einem Interview qualitativ gewonnenen Informationen werden durch eine 7-Punkt-Rating-Skala in Daten überführt (1 =

---

[29] Eigene Darstellung
[30] Vgl. Gerken, J. (2002/2003), S. 28
[31] Ebenda, S. 28
[32] Vgl. Ebenda, S. 28

sehr niedrige Ausprägung; 7 = sehr hohe Ausprägung).[33] Durch das Bilden eines Mittelwerts kann eine Aussage über die Ausprägung der Dimension Benutzeroberfläche getroffen werden.

3.2 Forschungsdurchführung

Die Forschungsdurchführung besteht im Rahmen dieses Software-Test-Projekts aus einem **benutzerorientierten Usability-Tests**[34], bei welchem **repräsentative Testpersonen** (siehe Abschnitt 3.2.1) **realistische Aufgaben** bearbeiten. Dabei werden sie von einem Usability Experten als Testleiter begleitet, der die Messung der zu erhebenden Informationen übernimmt.[35] Es ist wichtig, sich während der gesamten Durchführung bewusst zu sein, dass das Hauptziel die Identifikation von Usabilityproblemen ist, welche im Nachgang verbessert werden sollen.[36]

Damit die in Abschnitt 3.2.3 festgelegten Indikatoren beobachtet werden können, ist zunächst ein **Testleitfaden mit typischen Aufgaben** zu erstellen. In der Praxis haben sich **ca. 10 Aufgaben** bewährt, durch die die repräsentative Nutzer die wichtigsten Komponenten der Software testet. Die Einbettung der Aufgaben in ein **fixes Szenario** (z.B. Erstellung eines Netzplans bei einer Projektmanagement-Software) hat sich ebenfalls bewährt.[37]

Während der Forschungsdurchführung bearbeiten nun die Testpersonen die im Testleitfaden vorgegebenen Aufgaben. Durch Anwendung der beiden im Folgenden vorgestellten Testmethoden, soll nun die Usability der Software auf den Prüfstand kommen.

3.2.1 Performance Test

Während die Testpersonen die Aufgaben bearbeiten, werden durch den Testleiter die in Abschnitt 3.1.3 definierten Indikatoren gemessen und protokolliert:[38]

- **Bearbeitungszeit (Dimension Workflow / Effizienz):** Der Testleiter misst die Zeit, die jede Versuchsperson zur Bearbeitung der einzelnen Aufgaben benötigt.
- **Hilfestellungsquote (Dimension Workflow / Effizienz):** Zählung, wie oft der Benutzer Hilfe bei der Bearbeitung der Aufgabe benötigt.

---

[33] Vgl. Zatlouka, G. (2002), S. 83
[34] Vgl. Lindemann, K. (2003), S. 28
[35] Vgl. Beuscher, T. (2016), http://www.tobiasbeuscher.me/ (Stand: 07.10.2016)
[36] Vgl. Lindemann, K. (2003), S. 28f.
[37] Vgl. Schmitt, H. (2015), S. 2
[38] Vgl. Gerken, J. (2002/2003), S. 27f.

- **Klickanzahl (Dimension Workflow / Effizienz):** Messung, wie viele Klicks zur Erledigung der einzelnen Aufgaben notwendig waren.
- **Zielerreichungsquote (Dimension Funktionsumfang / Effektivität):** Die Zielerreichungsquote gibt für jede Testperson die Anzahl an erfolgreich bearbeiteten Aufgaben im Verhältnis zur Gesamtzahl der Aufgaben an.
- **Fehleranzahl (Dimension Funktionsumfang / Effektivität):** Anzahl der Fehler, die der Benutzer während der Erledigung der Aufgaben macht. Dies ist ein entscheidender Indikator zur Identifikation von Usabilityproblemen.

Für jeden Indikator werden nun der Mittelwert, die Standardabweichung, das Minimum und das Maximum über alle Versuchspersonen und alle Aufgaben erhoben. Abbildung 6 zeigt beispielhaft die Tabelle zur Protokollierung der Messergebnisse:

Testperson	Bearbeitungszeit (min)	Hilfestellung (Anzahl)	Klicks (Anzahl)	Zielerreichung (%)	Fehler (Anzahl)
1					
2					
n					
Mittelwert					
Standardabweichung					
Minimum					
Maximum					

Abbildung 6: Protokollierung Messergebnisse Performance Test[39]

3.2.2 Interview

Im Anschluss an den Performance Test sollen die **Testpersonen zur Dimension Benutzeroberfläche in einem qualitativen Interview befragt** werden. Anzuwenden ist hier eine **Einzelbefragung**, das heißt jede Testperson soll einzeln zu den Merkmalen Design, Textgestaltung und Dialoge befragt werden. Um neben Eindrücken zu den oben genannten Merkmalen noch weiteres Feedback des Benutzers zu erhalten, empfiehlt sich ein **teilstrukturiertes Leitfadengespräch**. Bei Erstellung des Interviewleitfadens sind die Leitfadenfragen so zu formulieren, dass die Testperson das **Design im Hinblick auf die Modernität**, die **Textgestaltung hinsichtlich der Lesbarkeit** und die **Dialoge hinsichtlich der Verständlichkeit** auf einer Skala von 1 bis 7 **bewertet**. Dadurch werden die qualitativ

---

[39] Eigene Darstellung

gewonnen Daten quantifiziert und es lässt sich ähnlich des Performance Tests Mittelwert, Standardabweichung, Minimum und Maximum berechnen, wodurch Rückschlüsse auf Usabilityprobleme gezogen werden können. Des Weiteren ist darauf zu achten, dass alle **Fragen einfach und verständlich formuliert** sind und dem **Wissensstand der Zielgruppe gerecht** werden.[40]

Neben den Leitfadenfragen ist es auch sinnvoll, den Benutzer zu seinen **Eindrücke und Erfahrungen** im Interview zu befragen. Ein Beispiel ist hier, dass die Testperson drei positive und drei negative Erfahrungen, die sie während der Bearbeitung der Aufgaben gemacht hat, nennt. Auch sollte auf weitere Fragen der Testperson zur Software eingegangen werden. Dadurch lassen sich weitere Erkenntnisse über mögliche Usabilityprobleme gewinnen, welche in nachfolgenden Entwicklungsiterationen behoben werden können.[41]

---

[40] Vgl. Gerken, J. (2002/2003), S. 16
[41] Vgl. Schmitt, H. (2015), S. 3

4. Kritische Würdigung

Durch die Erarbeitung des Forschungsdesigns und der Forschungsdurchführung sind die Gemeinsamkeiten und Unterschiede zwischen praxiserprobten Usability Test Methoden und empirischer Forschung deutlich geworden. Insbesondere eine Unterscheidung zwischen qualitativen und quantitativen Methoden ist im Hinblick auf Usability Tests nicht sinnvoll, denn beide Forschungsmethoden können gemeinsam angewendet werden.

Des Weiteren hat sich durch die ausgewählten Test-Methoden und die Dimensionen der Usability gezeigt, wie wichtig die Auswahl der Testpersonen ist, denn von ihnen hängen die Untersuchungsergebnisse maßgeblich ab. Die Bedeutung von genauen Nutzerbeschreibungen (Personas) tritt hier deutlich hervor, insbesondere in Bezug auf die Vorerfahrung und dem allgemeinen Nutzungskontext.

Ebenfalls hat sich herausgestellt, dass die erhobenen Daten stets auf ihre Aussagekraft hin zu überprüfen sind. Dies gestaltet sich bei Usability-Tests insbesondere bei quantitativen Datenerhebungen schwierig, da es keine Kontrollgruppe gibt. Und auch bei der Erhebung dieser Informationen (vor allem Fehleranzahl und Zielerreichungsquote) spielt die Auswahl der Testpersonen wieder eine maßgebliche Rolle.

Abschließend lässt sich festhalten, dass Software Usability Tests weniger ein empirisches Forschungsgebiet darstellen, sondern mehr die kontinuierliche Qualitätssicherung und Verbesserung des Software-Produkts. Ziel ist es, durch effektive Tests eine möglichst große Zahl an Usabilityproblemen zu identifizieren, um diese vor der Markteinführung beheben zu können. Aus diesem Grund wurde die Zahl der Testpersonen auch entsprechend gering gehalten, da eine große Anzahl von Probanden für das Forschungsgebiet schlichtweg zu aufwendig ist.

5. Quellenverzeichnis

5.1 Literaturverzeichnis

Cohn, Mike (2010): Agile Softwareentwicklung: Mit Scrum zum Erfolg!, München.

Florin, Alexander (2015): User-Interface-Design: Usability in Web- und Softwareprojekten, Berlin.

Gerken, Jens (2002/2003): Validität und Aussagekraft von Usability Test Methoden, Konstanz.

Hermenau, Alexander (o.J.): Wissenschaftstheorie und empirische Forschung: Ein Forschungsprojekt planen, AKAD-Studienbrief, Stuttgart.

Lindemann, Karen (2003): Usability-Test versus heuristische Evaluation, Hamburg.

Richter, Michael / Flückiger, Markus (2016): Usability und UX kompakt: Produkte für Menschen, 4. Auflage, Heidelberg.

Schmitt, Hartmut (2015): Best Practice „Usability-Test durchführen", Sulzbach.

Zatloukal, Grit (2002): Erfolgsfaktoren von Markentransfers, Wiesbaden.

5.2 Verzeichnis der Internetquellen

Becker, Alexander (2014): B.A. Bildungswissenschaft – Zusammenfassung – Modul 1D – Kurz 03607 Empirische Sozialforschung, https://books.google.de/books?id=kBvfBAAAQBAJ&pg=PA11 (Letzter Zugriff: 24.09.2016).

Beuscher, Tobias (2016): User Experience, http://www.tobiasbeuscher.me/ux-usability (Letzter Zugriff: 07.10.2016).

o.V. (2010): ISO 9241-11, http://wiki.infowiss.net/ISO_9241-11 (Letzter Zugriff: 05.10.2016).

o.V. (2011): Agile Entwicklung und iterative Vorgehensmodelle 1, http://www.isicore.de/isicore-blog/agile-entwicklung-iterative-vorgehensmodelle (Letzter Zugriff: 05.10.2016).

o.V. (o.J.): Differenzierung explorative, deskriptive und kausale Studienart, http://www.karteikarte.com/card/185268/differenziere-die-explorative-deskriptive-und-kausale (Letzter Zugriff: 25.09.2016).

o.V. (o.J.): Personas, http://usability-toolkit.de/usability-methoden/personas/
(Letzter Zugriff: 25.09.2016).

Schuhmacher, Dr. J. (o.J.): DIN EN ISO,
http://www.controlling21.de/ergonomie/theorie/grundlagen/din-iso.htm
(Letzter Zugriff: 05.10.2016).

5.3 Weitere Quellen

Video2Brain / Jacobsen, Jens (2015): Usability-Tests planen, durchführen und auswerten, Der Königsweg zu besseren Websites und Apps, DVD.

BEI GRIN MACHT SICH IHR WISSEN BEZAHLT

- Wir veröffentlichen Ihre Hausarbeit, Bachelor- und Masterarbeit

- Ihr eigenes eBook und Buch - weltweit in allen wichtigen Shops

- Verdienen Sie an jedem Verkauf

Jetzt bei www.GRIN.com hochladen und kostenlos publizieren